CINCO
MARIAS

Do Autor:

As Solas do Sol

Um Terno de Pássaros ao Sul

Terceira Sede

Biografia de Uma Árvore

Cinco Marias

Como no Céu & Livro de Visitas

Meu Filho, Minha Filha

O Amor Esquece de Começar

Canalha!

Mulher Perdigueira

www.twitter.com/carpinejar

Borralheiro

Ai Meu Deus, Ai Meu Jesus

Espero Alguém

Para Onde Vai o Amor?

Me Ajude a Chorar

Felicidade Incurável

Todas as Mulheres

Amizade é Também Amor

Cuide dos Pais Antes que Seja Tarde

Minha Esposa Tem a Senha do Meu Celular

Família é tudo

Carpinejar

CARPINEJAR

CINCO MARIAS

7ª edição

Rio de Janeiro, 2020

Copyright © 2004 Fabrício Carpinejar

Capa: Silvana Mattievich

Editoração: DFL

2020
Impresso no Brasil
Printed in Brazil

Texto revisado segundo o novo Acordo Ortográfico da Língua Portuguesa.

Cip-Brasil. Catalogação-na-fonte
Sindicato Nacional dos Editores de Livros, RJ

C298c
7ª ed.
	Carpinejar, 1972-
	    Cinco Marias: poemas / Carpinejar. — 7ª ed. —
	Rio de Janeiro: Bertrand Brasil, 2020.
	    126p.
	
	    ISBN 978-85-286-1055-0
	
	    1. Poesia brasileira. I. Título.

04-0330	CDD – 869.91 CDU – 821.134.3 (81)-1

Todos os direitos reservados pela:
EDITORA BERTRAND BRASIL LTDA.
Rua Argentina, 171 — 3º andar — São Cristóvão
20921-380 — Rio de Janeiro — RJ
Tel.: (0xx21) 2585-2000 — Fax: (0xx21) 2585-2084

Seja um leitor preferencial Record.
Cadastre-se no site www.record.com.br e
receba informações sobre nossos lançamentos e
nossas promoções.

Atendimento e venda direta ao leitor:
sac@record.com.br

Sumário

Cinco Marias 11

Sobre o Autor 121

Jogar as *cinco marias* no chão.
Escolher uma delas, que será
arremessada ao alto, enquanto pega-se
uma das quatro, sem tocar nas demais.

"(...) no cheiro de sua mãe, na sua verdade inteira,
sem compromisso com ninguém de fora."
João Gilberto Noll
Berkeley em Bellagio

CINCO MARIAS

Gravura de Paul Klee

Os mortos envelhecem
na eternidade.
Não os invejo.
Tenho dentes para morder.

Diante do prado,
ardo imensa.

Ele havia desaparecido.
A mãe não se lembrava
do seu esquecimento.
Madrugada incerta,
os vaga-lumes superavam
o arrasto da migração.
Ela desconfiava
de nossa presença ofegante.
Éramos quatro irmãs, cinco Marias.
Não havia um nome composto
que nos diferenciasse.
Gêmeas da janela
escancarada à rua.

Cinzas, seus olhos mistos,
distantes da brasa para se recompor.
Foi uma explosão suave,
um punhado de terra na madeira.

Como uma surdez súbita,
o silêncio barulhava.
Quando ficamos surdos,
escutamos tudo, menos o silêncio.

Uma doente que sai do coma
deseja perguntar o que aconteceu
e desiste pela fraqueza.
Olhou e não se reconheceu
nos farelos de sua face.
Os nervos saltaram:
— Seja impura, a pureza é violenta.
Os homens nunca vão entender.

O cansaço agravou sua indigência.
Exigiu que derrubássemos
os livros da estante.
Não poderíamos reagir,
a respiração atormenta a bússola.
— Nada é definitivo. Nem a memória.
A imaginação desloca as lembranças
e depois não as encontramos.

— Mãe, o que estamos fazendo?
— Vamos enterrar a biblioteca.

Em lençóis, carregamos pilhas
de papéis e encadernações.
Um livro não lido pesava como um morto.
Arrastamos a mortalha pela sinuosidade
   da escada,
as curvas da casa, o pano turvo das folhas.
Passamos a cavar o rancor do chão.
O receio de fisgar alguém submerso,
improvisado na morte.
A pá alternava o ritmo
na resistência das raízes,
das lajes em abrir o veio subterrâneo.
Ao enterrar a chama,
a chama arvora as mãos.
Mais fundo, mais fundo, exclamava,
obedecíamos à ternura violenta,
revezando os remos na barca do pátio.
— A ossada guarda o segredo até o fim.
A pele se denuncia com facilidade.
Os homens nunca vão entender.

Em duplas, atiramos os livros
lentamente. As covas se desmanchavam
para receber outra forma de lama.
Começou a chover.
— Não corram, meninas, não corram.
Não adianta correr contra a chuva,
a água se desespera nas roupas.
Os homens nunca vão entender.

As respostas desobedecem às perguntas.
Como cortar os pulsos de uma guitarra
e esperar que a madeira sangre.
As mãos nas cordas são roldanas
puxando vento. Um vento líquido.
Uma guitarra não pode sangrar de outro jeito.

Em casa, Deus era feminino.
O ciclo das mulheres se aproximava,
se arredondava. O varal coberto
de panos alvejados.
Senhas de cada uma à mostra,
lavadas, pontuais, severas.
Eu cheirava o quarto
cheio de si. A ferrugem de um mar
que recuava. Sem arrebentação.

O homem escreve como quem grita.
A mulher escreve baixo, em prece.

Ela conspirava contra sua beleza.
Usava roupas gastas,
os vestidos antigos.
Culpada pela sensualidade
que acentuava as curvas.
Adiou conjuntos novos
com a desculpa que lhe fariam mal.
Transferiu sua vaidade às filhas.
Substituiu o orgulho pelas novenas.
Não resistiu à velhice,
facilitando-lhe o ingresso.
Ajeitava as mechas por descuido.
As parreiras cicatrizaram
seus cabelos.

Eu gemia, os prendedores
nos mamilos, tensos, intumescidos
da pressão. Roçava as beiradas,
as bordas da cama, qualquer relevo,
expulsando-me.
Esquecia aquilo que caçava.
Rastejava levitando.
Quanto maior a culpa, maior a euforia.
Estremecia, solteira,
ainda que acompanhada.
A mulher se assiste
mais do que o homem.
Tem prazer no próprio fingimento.

A voz falhava mais alto.
O dia reduzido a um copo de água
e à pílula debaixo da língua.
Ela já não podia enxergar o que cantava.
Restava a melodia
divorciada da letra.

Eu preferia ter perdido tudo
para não ficar reparando
as pequenas perdas.

— Minha filha,
não importa para onde vais,
o corpo será sempre
uma arma destravada.

Éramos culpadas pela inocência,
ancestrais do mesmo crime.
Os antepassados nunca estão concluídos.

Não durmo, o sono escapa
como um presságio.
O fruto retorna ao caroço,
reiniciando o sumo das ruínas.

Tento descansar no lado contrário.
Careço de escuro no próprio escuro.
Os objetos vão contornando
a sombra, alforriando os pertences.
A memória é o hábito de trocar os lençóis,
mas há manchas que permanecem
corroendo o tecido.
Há manchas que limpam:
o orvalho, o sêmen, a urina,
sobras da natureza-morta.

Não durmo, protegida pelos
punhos cerrados da cama.
O sol da camisola branca confunde a pele,
avulso, sufocado na colméia da noite.
Um assassino rumina no insone,
sem o perdão de um dia depois do outro.

Distraio os pensamentos
por alguns minutos. Como ocupá-los
em madrugadas inteiras?

Uma milícia de abelhas assopra as pálpebras,
o assobio das asas.
Assusto-me com o freio das juntas,
ruído das vértebras e vísceras.
Não encontro recato, velamento,
para aquietar o fermento das veias.

Não entendo o silêncio
e o subestimo como trégua da fala.
Ele não começa ao cessar as palavras,
não termina ao pronunciá-las.

Corro ao caminhar lenta,
os chinelos arrastados, indecisa âncora,
contrariando o leme e a direção da proa.
A madeira se move,
o solo é volúvel como a água.
Os ombros carregam
os parentes e as intrigas.
Afundada no sopro, arqueio as costas.
Estou presa à curvatura de um porão
a céu aberto.

Enquanto as horas passam,
o rosto pasta. Boi engordando
o declive do campo.

Amadureci a covardia em sarcasmo.
Posso rir do sofrimento.
Mistérios existem para simular profundidade.
Sou rasa, fútil. Não reverencio a primavera,
a mais sádica das estações.
Desde a infância, ela floresce minha asma.

Posso adiar a morte,
nunca o nascimento.
É impossível cortar a semente.

Noites acumuladas
formam trevas.
O que dói é nossa
morte memoriada,
os animais perecem
e logo esquecem
o que viveram.
Atravessamos a dor
com as lembranças.
Os pássaros são abençoados,
feitos de palha,
com o fogo antecipado nas asas.
Queimam a escritura antes de ler.

A mãe desobrigou
a casa a ficar.
A residência permaneceu,
uma árvore
sobrecarregada de roupas.

Morávamos no interior
do estado,
de uma ave,
de uma pedra ressentida.

A mãe orquestrava a horta.
Reservava espaço para ervas daninhas
e seu alfabeto de moscas.
Não mexia na ordem de Deus.
Louvada seja
a esmola de uma hortaliça.

A intimidade vinha da cozinha,
peça que não esfriava,
estábulo do feno
e da pobreza necessária.
As brigas e as confidências
gravitavam naquele círculo
de tijolos à vista.

O estampido das panelas
e o rumor das verduras
suavizavam desavenças.
No inverno, a pilha de lenha
abreviava o bosque.
A mesa oferecia seis lugares,
nenhum encosto a mais.
Nunca trocamos de posição.
Herdei uma cadeira de vime.

A chapa do forno escorria
carvões atentos.
O trigo se apressava
na janela.

Ali, a linguagem
tirava suas vestes.

Há homens que comem e limpam
o suor ao mesmo tempo.
Há homens que têm paz ao mastigar.
Há homens que transam, tombam no canto
e resmungam sonhando.
Há homens inflamáveis,
movidos a querosene e ódio.
Há pensamentos que a gente não esquece
e não recorda.
A fidelidade pode ser cansaço.

A mordida em uma fruta no pé.
Cogitei algo puro,
mas os ratos também emigram.

A honestidade é antipática.
As pessoas que são justas,
discretas, comportadas,
netos ao colo, casos arquivados,
não rendem literatura.
A impureza emociona.

Afiaste a faca em meu pescoço.
Mantive a postura de estante.
O conhecimento não pesa,
esvazia.

A dor não admite
escândalo. Não janta fora.
Não pede conselhos.
Não autoriza cicatrizes.
Pétalas no lugar dos caninos
e a língua a passear
nas brechas incorrigíveis
da arcada.

Procurei entender os sinais
suspensos entre as colunas
e as fechaduras. Empenhei-me
em esclarecer os recados
apressados de socorro,
o tambor lacerado das paredes.
Decifrei o grafite dos banheiros
públicos, as inscrições puídas
no lenho, os volantes
recebidos no trânsito.
A vida com erros de ortografia
tem mais sentido.
Ninguém ama com bons modos.

As confidências ofendem.
O casal esgota cedo a estranheza.
Busca se destruir perfeitamente.
A traição é uma intimidade
mais estável que o casamento.

Não percebemos. O rio se curva a beber a árvore
e a árvore se curva com a turbulência do rio.
Não percebemos. A terra tem unhas para nos cavar
Não percebemos. A lâmpada soluça
o burburinho dos insetos.
Não percebemos. O musgo converte
a pedra em pão. Não percebemos.
As uvas ressuscitaram antes dos homens.
Estamos atolados com o que não existe.

Ao andar contigo,
eu ria à toa,
a música já tinha
nossa respiração.
Como uma cordilheira,
a tempestade sobrevoava
a esponja do verde,
sem derramar relâmpagos.
Ao andar contigo,
eu me invejava.

Não fui gerada para a grandeza,
barro que não será escultura,
ramo de ninhos sonâmbulos.
Quando criança, queria ser adulta.
Quando adulta, queria ser velha.
Quando velha, queria morrer.

Pega de surpresa
pela tua indiscrição,
vejo que convivi todo o tempo
com morcegos no forro do telhado.
Tolero o que desconheço.

Acerto o relógio pelo sol.
Percorro as dez quadras
de meu mundo.
As ruas são conhecidas
e me atalham.

Minha parte feliz não era fiel.
Estou conspirando
sem me dar conta,
na conversa do trem, ao telefone,
no bar, escrevendo.
Num canto da rua, existe alguém sob suspeita.
Do outro, à espreita.
Sobram enganos para incinerar o que me cerca.

Vocacionada a mentir
com os dedos cruzados,
a alagar o jardim
com a altura das aves.

Escapei à custa
de acordos secretos e obscuros.
Quantos morreram
resumidos em uma denúncia?
Quantos nomes terei que dar
para livrar-me do meu nome?

Poucos interrompem seu curso
para ouvir delicadezas.
Um atropelamento e desconhecidos
se aproximam e trocam impressões
com uma naturalidade familiar.
O cemitério ensina melhor do que a escola.

As formigas não estranham
a tepidez da pele.
Sobem à boca,
salivando abrigo.

Não condenamos
o parentesco pródigo.
As ausências são perfeitas.

Incriminei a mãe para não sofrer sozinha.
Ela aparou as feições, sustentou a prole,
preparou estoque na despensa para um dia gastar,
aproveitou as garrafas vazias para encilhar o muro
Capaz de adulterar os fatos
para me poupar da crueldade.
Sua proteção me deixou vulnerável.

A maternidade é um voto
difícil de quebrar.
Uma vigília que me impede
de dormir a vida inteira.
Estou sempre rente
à respiração de minhas filhas,
à beira do sol das narinas,
como uma jangada,
coruja do oceano.

Não tente aplacar o luto
dos que perderam uma criança,
o tormento de ser vizinha
de uma escola e suportar
o sobrevôo das vozes no recreio.

Sentir-se culpada por aquilo
que não foi vivido.

Não conferir palavras no dicionário.
A linguagem se contenta
com as pontadas do parto.

Concluir que foste inútil:
fizeste o trabalho para a morte.

Não tente entender.
O amor se aquieta em ameaça.

Conheci uma mulher
que sobreviveu a uma bala perdida.
Atravessei a nado seu silêncio,
as escamas de chumbo,
o orvalho negro,
o milagre esfriando.

Deveria ter brigado mais,
respondido às agressões,
sangrado mais,
esperneado e puxado os cabelos,
gritado palavrões e socado o ar.
No acúmulo da poeira,
as gavetas trincaram.

Isolada no meu abajur, minha letra tonta,
torta, miúda, o suor audível da cegueira.
O desastre do vento
faz a seiva no tronco.
Faltará tradutor à caligrafia.
O vento é uma parede a quem fica.

Viver requer a disciplina de ser invisível.
Todos querem aparecer.

O mundo não é feito sob minha medida.
Nada envelhece sem alguma violência.
Nada altera a raiva com que nasci.

Isso não é um jogo, com direito
a ganhar e o consolo de perder.
Disponho-me ao fracasso,
à resistência do osso.
Minhas lembranças serão mercadorias,
o colar de quinze anos, a mesa
em que deponho as cartas,
o broche com as iniciais da loja.
Esperarei um século para a xícara azul,
de asa quebrada,
ter algum valor no antiquário.

Podamos a planta do corpo, da residência.
Reformamos o quarto de empregada
em escritório, a dependência em terraço,
o corredor em sala de estar.
Não superamos os limites,
mudamos as fronteiras de lugar.

Frequentava a igreja na manhã dos domingos.
O que fazia na capela escura,
enquanto o dia aberto, ensolarado,
convidava-me à escadaria e aos morros?
A luz não se ajoelhava.
Meus pecados não sabiam que eu existia.
Rezar pareceu-me um sacrifício,
a espiral do peixe a seco,
contorcendo-se no banco de uma missa,
pedindo que não chovesse à tarde.
Deus falava uma língua adulta.

Na infância, vive-se a medida natural.
Depois, o desequilíbrio.
Ou sobra ou falta amor.

Nas fendas do rochedo,
celebrava tua figura.
Acendia uma vela na outra.

Minha mãe,
anjo de todos os demônios.

Deus não tem fim.
O homem deseja seu fim
buscando o começo de Deus.

O cotidiano é um modo de acordar.

Desatenta por obrigação,
uma chaleira ferve
e me coloca em risco.

Criada em beliches,
partilhava o aposento
com três irmãs.
Dormia no alto
e não me recuperei
do temor de escorregar
para fora do corpo.

Meu pai carecia
de medida ao vinho.
Segurava o cálice
pelas bordas.
Seu suor comprimia
álcool em minha testa.
Eu afastava seu beijo,
aquele beijo.

Não importava a safra,
poderia ser a melhor,
ela azedava em sua veia.

Soletro o calendário,
riscando os dias
como fósforos usados.
O tempo não cura as feridas,
mas as feridas curam o tempo.

A pedra do tanque criou raízes,
um candelabro de limo.
No canto, o sabão dura uma semana.
A corrente não vence a crueza dos tecidos,
o cheiro de cavalos e febre.

Não sei me despedir
da vida, do trabalho,
dos pais.

A indiferença cobre-nos de igualdade.
Não me enraizei,
muito menos presto para ser colocada fora.

Minha razão é inferior ao desejo.
Penso com os pés.

Os suicidas renunciavam seu plano
se recebessem antecipado o afago da perda.
Se fossem velados respirando,
acompanhando a comoção da falta,
a urgência da despedida, o enredo da lã
nas dobras dos pés, a roupa ajustada ao batimento
cardíaco, o vidro injusto a embaciar,
os lábios do tamanho de uma moeda.

Dá-me notícias de minha morte,
antecipa-me.

Estou mais perto de ser real.
Não dependo das rédeas,
seguro-me nas crinas.

Aliso as sobrancelhas,
o grito do café inaugura o dia,
meu rosto não concluiu
os traços de minha mãe,
mergulho na incoerência,
na simpatia pelos gagos
e seu excesso de impostura.
Não temo baratas, aranhas,
fósseis e os pequenos animais
do Antigo Testamento.
Meu nojo é com quem
se esconde na transcendência.

Não preciso do mar
para ir longe. Exercito
distâncias no quarto.
Não tive segunda
chance, rascunhos.
A vida recusa principiantes.

Meu pai largou as boinas, os paletós,
o futuro usado, as canetas nos bolsos.
A única vez em que jantou
com as filhas, tive compaixão.
Preparou sanduíches
e arrumou a mesa.
Não achava a gaveta dos talheres.

Separei essa lembrança
para ler agora.
Uma carta fechada
aos 40 quilos.

Ele não levantou a testa
naquela noite.
Suava vésperas.
A realidade sugere
mais do que suporto.
Onde ela estava?

O pai escondeu a voragem, os indícios,
o delito. Em segredo,
havia internado a mãe em sua clínica.
Não informou os parentes e os amigos.
Desejou enterrá-la viva.
Atestou que era louca,
imprópria ao banho.
Ela era sua sanidade.
Ela era sua sanidade.
Ela era sua sanidade.

Somos o que não temos.
O que temos, já perdemos de ser.

Disputava com as irmãs
o balanço, as cordas
do trapézio, a telepatia
dos galhos.

Convivemos no quintal
de um vestido.

O precipício escorava a porta.
O açude levou em seu bolso
dois meninos. Os pequenos vizinhos
boiavam na roupa suja do crepúsculo.
O chão da igreja herdava imunidade,
cercado para padres e freiras.

Nada me pertencia:
a televisão, a escrivaninha,

os brinquedos, de uso comum.
Os arranhões se misturavam
no fundo dos pratos.
Eu raspava a fome.

As estradas se abriam
e se fechavam
no estojo de jóias.
Os pássaros desviaram
a atenção
e o caminho de volta
nunca voltou.
A noite cresceu as pernas
e avolumou os seios.
Não sou de ninguém.
Amo de empréstimo.

Desistam de planejar o desfecho.
Não morremos com nobreza.
Toda morte é um vexame.
Não nascerei de novo,
a morte é que se renova.

Meu olho arde,
favo garfado
de abelhas.
Meus olhos abrem
como um enxame
assustado.
Sinto-me hoje
feia demais
para me ter
como esposa.
Diante do espelho,
vejo o seio direito encostado
na escrivaninha do esquerdo.
O que ele escreve?

As cinzas retornam
pela conversa animada das labaredas.
De noite, a mãe soprava histórias
para afugentar o bosque dos latidos.
Ela dizia, eu imaginava:
— Inclinou-se no meio-fio da calçada
e amarrou meus sapatos.
Surpresa com a atmosfera de quarto
em pleno tumulto,
desamarrei o cadarço
dos cabelos.

Descobrirás quando minto.
Não exagero
ao contar uma verdade.

Estou de mãos dadas
com a lonjura.
O portão como um filho
agarrado nas pernas.
Deus me
deu asas
para ficar
parada.

Acordávamos cedo
para ajudar na plantação.
Pior que superar o inverno,
levantar do hálito das cobertas,
chutar a geada com as sandálias,
escutar o lamento da coruja
era resistir ao bocejo da semente.

Lembro do que não vivi
o suficiente para esquecer.

O que esperei dos homens
foram ganas
de mais desespero.

Talvez desapareça
ao ficar, sem vida própria,
proezas e acidentes,
como uma pedra em grama alta.
Talvez o terreno baldio
onde me encontro
tenha lá sua competência.

Meu medo se interessa por qualquer ruído.

Hoje quero alguém para conversar enquanto dirijo

baixar os faróis em estrada litorânea,

enxergar pelas mãos.

Sem pedir desculpas,
as barcas batiam de leve
seus cascos. Desfiavam as redes.
O choro descia, acumulado
do gorjeio de velhas árvores.
Evocava, chorando
recordações que não eram minhas.
O lamento enrugava as telhas.

As crianças não dependem
de um nome para nomear.
Com os tornozelos,
arrastam a relva das sílabas.
Calçam sapatos trocados,
um de cada par.
Na maioridade, virei minoria.
Sacrifiquei a confiança das palavras.

Mudar de endereço
é mexer em minha data de nascimento.
Derrubo um por um dos quadros.
Os pregos marcam a altura
dos seus moradores.

Ainda não sou estranha para me despedir.
Devia ter aparado as sobrancelhas.

As peças de minha história
foram compradas a prazo.
Se eu morrer agora,
terei que pagar as três prestações
da saia do velório.

O veneno ventando encanado,
o conhaque dos móveis,
as cadeiras viradas na mesa.
Tudo é frágil na mudança.

Os joelhos não dobram na escada.

O osso da perna se fez

corrente sanguínea,

uma lâmina esquecida no pão.

Fecho a casa,

o amontoado

de portas e asas,

estico a varanda.

Só na nudez

sobra espaço

para me ocultar.

Quem não se delicia
com o tremor da chuva?
Quem não se abandona
ao vapor veloz da terra?

Não condenar ou absolver,
utilizar a vida
somente.

É na extravagância
que as crianças acertam,
comparando
a idade do pão
à idade da água.

Li a história dos santos,
mas descobri que
a bondade exige
a atenção extrema
em se distrair
nos outros.

Quando discutíamos,
o pai dizia:
— Nada a declarar.

E minha vida segue
sendo a declaração do nada.

Quantos cavalos foram abatidos
na evolução do meu rosto?
Quisera ser mais feminina
para não me omitir diante do espelho.
Experimento tantas roupas
antes de sair porque
meu corpo não me serve.

Percebi que o alarido das cigarras
não descende da alegria.
Elas foram forçadas a cantar
mastigadas pelos pássaros.

Entendo a loucura materna.
Como um táxi vago,
saiu a persegui-lo
na madrugada.
O luminoso apagado,
o taxímetro marcando
anos de convivência.
Revistou os bares,
as delegacias, os hospitais.

Ela queria encontrá-lo ao menos
para cobrar a corrida.

Separar-se é ter a residência invadida.
Conferir peças na sala, armário,
carteira, com pouca noção exata
do que foi embora.
Olhar desconfiado
aos objetos que viram
e nada dizem.

Separar-se, uma porta
arrombada por dentro.

Lentamente,
tornei-me pai,
irmã, prima,
uma família inteira,
a escutar o fardo
de conviver
com a filha
que eu era.

Há mães que transformam
seu ventre em túmulo
e não empurram a criança
para fora.

Sou parecida com os figos,
a cor rubra,
a superfície
de um rio fechado.
Os gomos expostos
pela insistência da luz.

Os heróis se calam
antes de contar
o que realmente viveram.
Os heróis se calam,
não eu.

Divido as cebolas na tábua,
divirto-me com o sofrimento,
assusto o almoço
com minha risada,
enumero os cabides no armário,
arte inútil que me fixa
até o sol baixar.

Salvo um dia de cada vez.
Os telhados também são muros.
Orquídeas surgiram nas calhas.
A semente não escolhe
o lugar da queda,

o solo da floração.

Germina erros.

Viver é despreparo.

Ao apanhar um pacote,

outros escorregam.

Sento na calçada,

desolada com a comida espalhada,

faltando-me a calma da chuva.

Salvo um dia triste de cada vez.

Meus avós faleceram
com violência represada.
A grama secou
ao redor de suas lápides.

O que a terra tem pudor de pedir,
o fogo exige.

Fazer as coisas pela metade
é minha maneira de terminá-las.

Chega um momento
em que somos aves na noite,
pura plumagem, dormindo de pé,
com a cabeça encolhida.
O que tanto zelamos
na fileira dos dias,
o que tanto brigamos
para guardar, de repente
não presta mais: jornais, retratos,
poemas, posteridade.
Minha bagagem
é a roupa do corpo.

A cidade demorava para chegar.
Embaralhava as ruas.
Regredia à aldeia
de galos e pescadores.
Trancou-se em minha casa.

Vendi o vestido de noiva.
Vedei o álbum de casamento.

A memória não aceita suborno.

Em nossa grade,
um epitáfio:
Cuidado com o cão.

Eu fui uma mulher marítima,
as rugas chegaram antes.
Eu fui uma mulher marítima,
paisagem e pêssego,
uma faísca entre a corda do barco
e a rocha.

Eu fui o que não sou.
Depois que inventaram o inconsciente,
a verdade fica sempre para depois.

Suspendo os afazeres,
compelida a desabotoar a blusa
e esvaziar o leite
dos não nascidos.

Educado, o sangue
apaga a luz ao sair.

Coloco pedras no livro.
Ele não sobe com a água.

MULHER ENTERRA MARIDO NO PÁTIO

Ex-secretário de Saúde é encontrado morto em sua casa

• **São Leopoldo** — Uma tragédia marcou o bairro Morro do Espelho, na noite de ontem. A poeta leopoldense **Maria de Fátima Ossian**, 45 anos, enterrou seu marido no pátio. Segundo informações da 1ª DP, Maria de Fátima teria ocultado o médico e também escritor Mauro Ossian, 70 anos, ex-secretário de Saúde do município, no quintal de sua residência. Escavações localizaram o corpo do psiquiatra, envolvido em um cobertor. Ele acabou de ser retirado às 21h, mas a causa de sua morte no Instituto Médico Legal é dada como natural. A comunidade ficou abalada com o incidente. Dezenas de moradores acompanharam a remoção da vítima. Professora de música aposentada e autora do livro *Última Pedra*, Maria de Fátima demonstra não se lembrar de nada, sofrendo de amnésia temporária. Desesperada, gritava que não era seu marido que estava ali, mas os livros da casa. Um exame de sanidade indicará seu destino até a solução do caso. De acordo com a vizinha Ana Coimbra, a mãe e as quatro filhas eram conhecidas como "Cinco Marias". Não saíam de casa havia mais de 60 dias. Um anuário está entre as provas, com passagens escritas por todas as integrantes da família. A polícia atendeu as adolescentes, que confirmaram a visão materna de que a biblioteca havia sido enterrada. O delegado Martins Monteiro considerou estranha a prática de um diário coletivo, o que dificulta a identificação da verdadeira autora. Cogitou a possibilidade do grupo pertencer à seita Doce Fim, que anuncia o Juízo Final para dezembro. Informações de parentes desmentem qualquer ligação com a religião.

Carpinejar é puro sentimento. Nas palavras de Carlos Heitor Cony (1926-2018), "sua entrega à poesia é total, urgente, inadiável". Nasceu em 1972 na cidade de Caxias do Sul (RS) e publicou 45 livros entre poesia, crônica, infantojuvenil e reportagem. É detentor de mais de 20 prêmios literários, entre eles, o Jabuti por duas vezes, o da Associação Paulista dos Críticos de Arte e o Olavo Bilac, da Academia Brasileira de Letras. Atua como comentarista do programa Encontro com Fátima Bernardes, da Rede Globo, e é colunista do jornal *O Tempo*.

Instagram: @fabriciocarpinejar
Fanpage: facebook.com/carpinejar
Twitter: @carpinejar
YouTube: @fabriciocarpinejar
E-mail: carpinejar@terra.com.br

Este livro foi impresso na Divisão Gráfica da
DISTRIBUIDORA RECORD DE SERVIÇOS DE IMPRENSA S.A.
Rua Argentina, 171 - Rio de Janeiro/RJ - Tel.: 2585-2000